SingLiesel

MIX
Papier | Fördert gute Waldnutzung
FSC® C014138
www.fsc.org

Satz: Röser MEDIA GmbH & Co. KG, Karlsruhe

Druck: FINIDR, s.r.o.
Printed in Czech Republic

ISBN 978-3-948106-31-7

3. Auflage

info@singliesel.de, www.singliesel.de

Bildnachweise:
Blumen: Gizele/Shutterstock.com
Cover-Foto: Roman Samborskyi/Shutterstock.com

Natali Mallek – Annika Schneider

ABC-RÄTSEL

INHALT

EINFÜHRUNG

Kurze Rätsel können eine Bereicherung für jede Art von Gedächtnistraining sein. Sie sind spannend, kurzweilig, fördern die Interaktion in den Gruppen und haben einen hohen Aufforderungscharakter. In unseren ABC-Rätseln für das Gedächtnistraining mit Senioren haben wir Rätsel entworfen, die gut auf die Ressourcen von älteren Menschen abgestimmt sind, die Teilnehmenden nicht überfordern und die mit dem individuell benötigten Maß an Unterstützung gut zu lösen sind. Die Lösungswörter sind einem Großteil der Seniorinnen und Senioren bekannt.

Die kurzen Rätsel sind so aufgebaut, dass die Beschreibungen vom Allgemeinen ins Detaillierte gehen. Das heißt, die Hinweise werden immer genauer. Lesen Sie die Rätselaufgaben langsam vor und machen sie zwischen den Sätzen eine kurze Pause, damit die Mitratenden die Gelegenheit haben, über die richtige Lösung nachzudenken.

Erklären Sie den Seniorinnen und Senioren zu Beginn, dass alle Lösungswörter des jeweiligen Kapitels mit dem gleichen Buchstaben beginnen, zum Beispiel mit dem Buchstaben B. Das ist für die Mitratenden eine große Hilfe bei der Suche nach dem richtigen Begriff.

Sollte auch nach dem letzten Hinweis noch niemand auf die richtige Lösung gekommen sein, ergänzen Sie gerne weitere

Tipps oder auch Beispiele, mit deren Hilfe die Seniorinnen und Senioren das Rätsel lösen können. Wichtig ist, wie in vielen Angeboten im Seniorenbereich, dass die Mitmachenden ein Erfolgserlebnis haben und dass sie das Angebot mit einem guten Gefühl verlassen.

Anstelle der klassischen ABC-Rätsel, die die Lösungswörter nach dem Anfangsbuchstaben einteilen, können Sie selbstverständlich einzelne Rätsel aus dem großen Fundus herausnehmen und individuell in Ihre Gruppenstunde integrieren. Es bietet sich zum Beispiel an, die kurzen Rätsel in selbst zusammengestellte Spielrunden oder Themenstunden einfließen zu lassen.

Nun wünschen wir Ihnen viel Freude beim Rätseln und Mitraten!

Natali Mallek und Annika Schneider

A

Ich bin ein Kernobst aus der Familie der Rosengewächse. Mich gibt es zum Beispiel in den Sorten Golden Delicious, Jonagold und Elstar. Einer meiner Vorfahren hing am Baum der Erkenntnis.

Apfel

Ich bin lang und wendig. Ich lebe in Süßgewässern. Um mich fortzupflanzen, lege ich viele Kilometer zurück, bis ich endlich im Meer angekommen bin. Wenn etwas sehr glatt ist, wird es oft mit mir verglichen.

Aal

Gesucht wird das Ende eines Tages. Wenn die Nacht einkehrt, ist er jedoch schon wieder vorbei. Er kommt in zahlreichen Schlafliedern vor.

Abend

Wenn wir eine Sache nicht mehr brauchen, sie übrig ist oder kaputt, dann entsorgen wir sie. Der gesuchte Begriff ist eine Ansammlung vieler solcher Dinge. In Deutschland werden verschiedene Kategorien unterschieden. Ein anderes Wort dafür ist Kehricht.

Abfall

Gesucht wird ein Fahrzeug, das zur Personenbeförderung genutzt wird. Einer der berühmten Erfinder hieß Carl mit Vornamen. Das Fahrzeug fährt auf der Straße, nicht auf Schienen.

Auto

Ich schwimme im Wasser, bin aber kein Fisch. Oft erscheine ich grünlich. Ich komme sowohl in tiefen Gewässern als auch am Ufer vor. Mich kann man auch essen, in mir sind viele Nährstoffe enthalten.

Alge

Mein Opa hat darauf Kartoffeln angebaut. Auch Rüben haben wir dort viele Jahre geerntet. Die Krume besteht aus Mutterboden. Ein anderes Wort dafür ist Feld.

Acker

Wenn „alle Vögel schon da sind", bin ich stets die Erste. Unter meinesgleichen bin ich sehr bekannt. Wir alle haben einen gelben Schnabel. Männliche Vertreter unserer Art haben schwarzes Gefieder, unsere Weibchen dunkelbraunes.

Amsel

Mit mir haben früher viele, viele Kinder rechnen gelernt! Mein System ist gleichermaßen clever wie einfach. Ich bestehe aus einem Rahmen, Stäben und aus Kugeln, die als Perlen auf den Stäben aufgereiht sind.

Abakus

Gesucht wird ein Produkt, das bei der Vermehrung von Pflanzen entsteht. Meist beginnt der Prozess an der Mutterpflanze. Hat ein Trieb genug eigene Wurzeln gebildet, ist der Prozess abgeschlossen und der Trieb kann unter dem gesuchten Begriff selbstständig weiterbestehen.
Ableger

Ich komme zum Einsatz, wenn etwas Geplantes nicht stattfinden kann. Auch wenn du eingeladen bist, aber leider nicht kannst, musst du mich erteilen. Das Gegenteil von mir ist die Zusage.
Absage

Kinder erleben mich am liebsten. Aus ihren Leben und Träumen bin ich nicht wegzudenken. Ich bin spannend und manchmal sogar gefährlich. In Büchern erleben mich Ritter, Piraten und andere Heldinnen und Helden.
Abenteuer

Der gesuchte Begriff bezeichnet ein Lichtsignal. Es kommt im Straßenverkehr zum Einsatz. Auch Fußgänger müssen sich danach richten. Zeigt es Rot an, gibt es kein Weiterkommen. Bei Grün ist alles wieder im Fluss.
Ampel

Ich stehe einem Kloster vor. Mein Titel bedeutet „Vater“. Ein Kloster, dem ich vorstehe, heißt Abtei.
Abt

B

Gesucht wird ein Ort der Begegnungen. Hier herrscht ein ewiges Kommen und Gehen. Züge halten und fahren wieder ab. Wenn man nichts versteht, versteht man das Lösungswort.

Bahnhof

Wir suchen einen Raum im Haus, der meist gefliest ist. Hier wird nicht gekocht. In dem Raum ist man oft allein. Nicht selten wird man dort nass.

Badezimmer

Mich gibt es in verschiedenen Größen und Gewichten. Ich bin rund. Mit mir kann man Sport treiben. Meist muss ich irgendwo hineingeworfen werden, damit man mit mir punkten kann.

Ball

Wir suchen einen Gegenstand, der außen von einem Rücken und zwei Deckeln umfasst wird. In seiner Mitte befindet sich meist eine bedruckte Papiersammlung. Manchen seiner Benutzer würde man glatt als Wurm bezeichnen.

Buch

Auf mir werden leckere Dinge zubereitet. Meistens bin ich flach. Ich werde in einen sehr warmen Ort hineingeschoben. Beim Herausholen kann ich nur mit Topflappen berührt werden.

Backblech

Kleine Jungs lieben mich. Ich bin ein großes, faszinierendes Fahrzeug, das auf Baustellen seinen Einsatz hat. Mit meiner Schaufel kann ich viel von A nach B bewegen.

Bagger

Wir suchen ein Stück Land, das höher ist als seine Umgebung. Es ist höher als ein Hügel. Mehrere dieser Phänomene, die zusammengehören, nennt man Gebirge. Die Spitze trägt manchmal ein Gipfelkreuz.

Berg

Man sollte ihn so wählen, dass er einem auch Freude bereitet. Mit seiner Ausübung verbringt man den Großteil des Tages. Führt man ihn aus, hat man in den meisten Fällen eine Ausbildung oder ein Studium abgeschlossen

Beruf

Der erste Träger meines Amtes hieß Petrus. Ich werde gewählt oder ernannt. Ich leite ein Gebiet, dem mehrere Kirchengemeinden angehören. Einige meiner Amtskollegen tragen die Vorsilben „Erz-" oder „Weih-".

Bischof

Gesucht wird ein Baum mit grauer, glatter Rinde. Seine Früchte werden als Eckern bezeichnet. Bei einem Gewitter soll man ihn redensartlich suchen.
Buche

Ich bin eine Frucht, die man nicht mit Äpfeln vergleichen sollte. Ein spannenlanger Hans und eine nudeldicke Dirn haben mich einst in einem Kinderlied gepflückt. Eine meiner Sorten heißt Williams Christ.
Birne

Meinem Namen nach bin ich zweimal gebacken. Ich bin sehr luftig und trage keine Butter in mir. Wenn man mich zubereitet, besteht das Risiko, dass ich zusammenfalle. Mich gibt es als Kuchen oder Keks.
Biskuit

Auf mir kannst du schreiben und malen, du findest mich aber auch am Baum. Im ersten Fall bin ich weiß, im zweiten grün. Im Herbst verfärbe ich mich in den meisten Fällen.
Blatt

Wir suchen ein giftiges Schwermetall. Früher war es noch ein Bestandteil von Benzin, Wasserrohren oder wurde für die Temperaturanzeige in Thermometern verwendet. An Silvester wird es traditionell gern „gegossen".
Blei

C

Gesucht wird ein Ort der Zusammenkunft, an dem man hauptsächlich heiße Getränke bestellen kann. Seine Ursprünge lassen sich bis weit vor das 16. Jahrhundert zurückverfolgen. In diesem Betrieb im Gastgewerbe gibt es heutzutage auch Kuchen und Gebäck.

Café

Ich bin ein Musikinstrument. Wenn man mit dem Bogen über meine Saiten streicht, ertönen die schönsten Klänge. Zum Spielen musst du mich auf meinen Stachel stellen. Ich bin kein Kontrabass und größer als eine Violine.

Cello

Gesucht wird jemand, der gern wechselnde Liebesbeziehungen mit verschiedenen Frauen eingeht. Die Bezeichnung lässt sich auf einen venezianischen Schriftsteller zurückführen. Ein anderes Wort dafür ist zum Beispiel Herzensbrecher.

Casanova

Wir suchen einen bekannten römischen Herrscher, dessen Namen auch viele seiner Nachfolger trugen. Ihm wird eine Liebesbeziehung zu Kleopatra nachgesagt. Der Titel Kaiser leitet sich von seinem Namen ab.

Cäsar

Ich bin ein lustiger Zeitgenosse, der gerne Menschen zum Lachen bringt. Mit viel Schminke im Gesicht und zu großen Schuhen bin ich in der Manege zu Hause. Manch einer sagt mir nach, dass ich unter meiner Verkleidung im Herzen traurig bin.

Clown

Gesucht wird ein Möbelstück, auf dem man sowohl sitzen als auch liegen kann. Es entstand wahrscheinlich aus einer Kombination eines Lehnsessels mit einer Fußbank. Das Wort kommt aus dem französischen und bedeutet „langer Stuhl".

Chaiselongue

Mit meiner typischen Schleuderzunge fange ich meine Beute in Sekundenschnelle. Ich bin für meinen Farbwechsel und meine unabhängig voneinander beweglichen Augen bekannt. Meinen Körper bewege ich nur sehr langsam.

Chamäleon

Durch das Aufkleben verschiedener Elemente auf eine Unterlage entsteht manch unverwechselbares Kunstwerk. Dabei müssen nicht nur Papier oder Zeitungsausschnitte kombiniert werden. Der gesuchte Begriff leitet sich vom französischen Wort für Kleben ab.

Collage

Wir suchen eine elektronische Datenverarbeitungsanlage. In einem internen Prozess werden Daten in Zahlen umgewandelt und weiterverarbeitet. Der Vorläufer davon war der Abakus. Ein anderes Wort für den gesuchten Gegenstand ist Rechner.

Computer

Gesucht wird eine musikalische Stilrichtung, die ihre tiefen Wurzeln in Frankreich hat. Kombiniert werden dabei Gesang und eine besondere musikalische Begleitung. Der Text ist besonders wichtig. Bekannte Interpreten dieses Genres sind Édith Piaf, Patricia Kaas und Jacques Brel.

Chanson

Auf meinen Reisen besuche ich Orte auf der ganzen Welt. Dabei nehme ich immer etwas in meinem Innersten mit. Umgeladen werde ich in Häfen oder in Bahnhöfen. Auf dem Rücken der LKW fahre ich von Stadt zu Stadt.

Container

In vielen Wohnzimmern bin ich der Mittelpunkt. Auf mir ruht man sich aus, tobt, kuschelt und liest. Oft werde ich auch als Sofa bezeichnet.

Couch

Kinder lieben mich. Eltern müssen sich oftmals an mich gewöhnen. Wo ich herrsche, ist die pure Unordnung.

Chaos

D

Gesucht wird ein Raubtier, das zur Familie der Marder gehört. Seine Fellfarbe ist überwiegend grau, am Kopf kommen noch zwei Farben in Streifenform hinzu. Es lebt in einem Bau. In Fabeln trägt es üblicherweise den Namen Grimbart.

Dachs

Ich bin ein meist runder Behälter mit Deckel. Mal aus Porzellan, mal aus Metall oder Blech bewahre ich von Zucker bis Schmuck alles auf. Beim Haltbarmachen bin ich oft sehr hilfreich.

Dose

Der Gegenstand, den wir suchen, schützt alles Darunterliegende vor Sonne, Wind und Regen. Traufe, Giebel und First sind Bestandteile dieses Objekts. Hat man dort einen „Schaden", nehmen einen die Leute entweder nicht für voll oder es wird bei Regen alles, was darunterliegt, nass.

Dach

Ich bin ein Fahrzeug, das mit Wasserdampf angetrieben wird. Die ersten meiner Art wurden zu Beginn des 18. Jahrhunderts gebaut. Für den Transport von Gütern und den Handel mit Waren war ich lange Zeit sehr wichtig. Ich fahre auf Schienen.

Dampflok

Der gesuchte Gegenstand wärmt dich in der Nacht. Man kann ihn nähen, häkeln oder auch stricken. Guckst du im Zimmer nach oben, kannst du sein Teekesselchen sehen. Sehr oft hängt eine Lampe davon herab.

Decke

Wir suchen ein langes, dünnes und biegsames Ding aus Metall, das meist aufgerollt geliefert wird. Es wird in fast allen Stärken produziert. Ist es sehr dünn, lässt es sich mit der Hand biegen. Je dicker es ist, umso mehr Kraft muss man aufwenden. Eine Zange leistet dabei gute Dienste.

Draht

Das nun gesuchte Wort hat zwei Bedeutungen. Zum einen ist es ein Männername. Zum anderen ein Werkzeug. Mit diesem Werkzeug kann man Schlösser öffnen, wenn man den passenden Schlüssel verlegt hat.

Dietrich

Kinder fürchten mich häufig. Man kann mich nicht sehen, wohl aber sehr gut hören. Ich bin Teil eines Gewitters. Nach dem Blitz kommt der ...?

Donner

Ich nehme alles mit, was nicht niet- und nagelfest ist. Die Polizei ist nicht mein Freund. Wenn sie kommt, nehme ich schnell Reißaus. Man nennt mich auch Räuber.

Dieb

Der gesuchte Gegenstand wird zum Verschließen von Behältern genutzt. Er kann aus verschiedenen Materialien gefertigt sein. Sprichwörtlich gibt es einen passenden für jeden Topf.
Deckel

Diese Substanz wird eingesetzt, um das Nährstoffangebot für Pflanzen in Zier- und Nutzgärten sowie in der Forst- und Landwirtschaft zu erhöhen. In Deutschland und in der EU regelt eine Verordnung die Zulassung solcher Produkte. Sie sollen demnach möglichst wenig Nitrat enthalten.
Dünger

Ich bin die Hauptfigur in einem Märchen. Weil mein Vater zum Fest meiner Geburt nicht alle Feen des Landes eingeladen hatte, wurde ich mit einem Fluch belegt, der mich 100 Jahre schlafen ließ. Meinen Namen verdanke ich einer Blume.
Dornröschen

Wir suchen ein Schmuckstück, das auf dem Kopf getragen wird. Aus der ursprünglichen Stirnbinde entwickelte sich bereits in der Antike eine Art Krone. Das Schmuckstück wird heute üblicherweise von Königinnen getragen, manchmal auch von Bräuten am Tag ihrer Hochzeit.
Diadem

E

Ich bin ein Tier, das zur Familie der Pferde gehört, und habe meist graues oder bräunliches Fell. Ich bin gut im Lastentragen. Fälschlicherweise wird mir eine gewisse Sturheit nachgesagt. Ich bin Gründungsmitglied der Bremer Stadtmusikanten.

Esel

Gesucht wird ein meist runder Behälter aus Metall oder Kunststoff mit einem flachen Boden. Zu Transportzwecken ist an der oberen Kante ein Henkel angebracht. Mit diesem oben offenen Behälter können Flüssigkeiten, Abfälle oder Schüttgut transportiert werden.

Eimer

Es geht um ein christliches Fest, mit dem sich die Menschen für die Erträge auf Feld und Wiese erkenntlich zeigen. Es wird traditionell am ersten Sonntag im Oktober gefeiert. Mancherorts finden Prozessionen statt, bei denen Erntekronen durch das Dorf oder die Gemeinde getragen werden.

Erntedank(-Fest)

Wir suchen spezielle Steine, die zur Herstellung von Schmuck verwendet werden. Sie können verschiedenen Ursprungs sein, zum Beispiel aus Mineralien oder Baumharz. Bekannte Vertreter sind der Rubin und der Amethyst.

Edelstein

Ich befinde mich nicht mitten im Raum, sondern ziemlich abseits. Bei mir treffen sich zwei Wände. Das Aufeinandertreffen geschieht meist im 90-Grad-Winkel. Mich gibt es auch beim Fußball.

Ecke

Wir suchen eine Kletterpflanze aus der Familie der Araliengewächse. Der wissenschaftliche Name ist Hedera Helix. Sie ist immergrün und sehr giftig. In kleinen Mengen wird sie als Hausmittel gegen Husten verwendet.

Efeu

So nennt man eine rechtsgültige Verbindung zwischen zwei Menschen, die sich lieben. Meist wird diese Verbindung mit einem großen Fest gefeiert. Die rechtsgültige Auflösung ist die Scheidung.

Ehe

Ich bin das Wahrzeichen eines Nachbarlandes, das westlich von Deutschland liegt. Wenn man von mir herunterschaut, kann man über die ganze Hauptstadt dieses Landes blicken. Ich wurde zum 100. Jahrestag einer Revolution errichtet und bin mittlerweile ein weltweit berühmter Fernsehturm.

Eiffelturm

Wir suchen einen Gegenstand, der dazu genutzt wird, ein gekochtes Hühnerprodukt am Davonrollen zu hindern. Meist findet er Verwendung auf dem Frühstückstisch. Lange Zeit gehörte er zu den Luxusgütern, die auch anlässlich von Taufen oder Patenschaften verschenkt wurden.
Eierbecher

Ich bin ein Laubbaum, der zur Familie der Buchengewächse gehört. Ich bin aber keine Buche. Meine Früchte heißen Eicheln. Einer Redensart zufolge sollst du mir bei einem Gewitter nicht zu nahe kommen.
Eiche

Wir suchen ein tagaktives Nagetier, das ein guter und flinker Kletterer ist. Sein buschiger Schwanz hilft ihm, das Gleichgewicht zu halten. Es baut seine Kobel in Astgabeln oder Baumhöhlen.
Eichhörnchen

Ich bin ein grünes Gemüse, das viel Protein enthält. Ich wachse in Hülsen, rolle dir aber nach der Ernte schnell weg, wenn du nicht aufpasst! Aus mir kann man eine leckere und beliebte Suppe kochen. In einem bekannten Märchen liege ich unter einem Matratzenhaufen.
Erbse

F

Wir suchen ein Tier mit vier Beinen, das zur Familie der Hunde gehört und in einem Bau lebt. Ihm wird nachgesagt, es sei schlau und hinterlistig. Die Weibchen werden Fähe genannt. In Fabeln trägt das Tier den Namen Reineke.

Fuchs

Dieser elektrische Gegenstand verströmt heiße Luft. Der erste seiner Art wurde Anfang des 19. Jahrhunderts von der Firma AEG gebaut. Ein anderes Wort dafür ist Haartrockner.

Föhn

Gesucht wird eine kurze Erzählung, in der Tiere oder Pflanzen die Hauptrolle spielen. Am Ende schließt sich üblicherweise eine Moral an. Die dort handelnden Wesen haben in den meisten dieser Erzählungen immer denselben Charakter. So ist der Dachs immer eher ruhig, die Gans geschwätzig, der Hase ängstlich.

Fabel

Von mir gibt es unzählige Töne. Ich bin aber kein Instrument. Mit Rot, Gelb und Blau kannst du fast alle meine Varianten mischen. Ich werde oft mit einem Pinsel auf ein Blatt oder eine Wand aufgetragen.

Farbe

Wir suchen ein Tier, das zur Familie der Vögel gehört. Es hat lange, dünne Beine, einen langen Hals, einen auffälligen Schnabel und rosafarbenes Gefieder. Oft steht es auf nur einem Bein.

Flamingo

Gesucht wird ein Gegenstand, mit dem man sich an warmen Tagen Abkühlung verschaffen kann. Früher war er neben seiner Zweckmäßigkeit zusätzlich ein Statussymbol. Gekühlt wird zum Beispiel das Gesicht, indem man den Gegenstand durch leichte Bewegungen im Handgelenk hin- und herbewegt.

Fächer

Ich spende Licht und werde entweder in der Hand gehalten oder in eine Halterung gesteckt. Meist bin ich ein dicker Stock, der am oberen Ende mit brennbarem Material umwickelt ist. Durch das Anzünden dieses Materials werde ich zum Leuchten gebracht. Bei den Olympischen Spielen bin ich ein Zeichen des Friedens und der Verbundenheit und werde durch zahlreiche Länder getragen.

Fackel

Gesucht wird ein großes Gebäude, in dem Produkte mithilfe von Maschinen angefertigt werden. Unterschieden wird es von einer Manufaktur, in der es weniger Maschinen gibt. Den Besitzer dieses Gebäudes nennt man Fabrikant.

Fabrik

Üblicherweise besitzt du zwei von meiner Art. Ich bin fest durch ein Gelenk mit deinen Beinen verbunden. Wenn wir rausgehen, bedeckst du meine Unterseite meist mit einem speziell angefertigten Schutz. Zu mir gehören fünf Zehen.

Fuß

Wir suchen den Begriff für eine erhöhte Körperkerntemperatur. Meist ist sie ein Zeichen für einen Infekt oder eine Entzündung im Körper. Diese können verschiedene Ursachen haben. Zum Messen dieser Temperatur wird ein Thermometer unter den Arm oder unter die Zunge gesteckt.

Fieber

Wir sind eine Gruppe von zehn und echte Multitalente. Mit uns kannst du nähen, tippen, schreiben, stricken, zeichnen, Klavier spielen und noch vieles mehr. Wir fühlen uns an Händen wohl! An unseren Spitzen haben wir Nägel, die regelmäßig gefeilt werden sollten.

Finger

Die wohl bekannteste meiner Art stammt aus der Frucht der Baumwollpflanze. Aus mir setzt sich zum Beispiel Garn für Stoffe zusammen, die man zum Nähen nutzt. Ich komme entweder aus der Natur (von Pflanzen oder Tieren) oder werde chemisch hergestellt. Auch im Holz komme ich vor.

Faser

G

Das Wort, das wir suchen, ist ein poetischer Text aus der Gattung Lyrik. Charakteristisch dafür sind mehrere Verse, die zu Strophen zusammengefasst werden und sich reimen. Sie haben einen Rhythmus, der durch ein sogenanntes Versmaß oder Metrum bestimmt wird. Bekannte Verfasser dieser Textform waren Goethe, Schiller oder Rilke.
Gedicht

Ich bin etwas, mit dem man jemand anderem eine Freude macht. Ich kann zu bestimmten Anlässen übergeben werden oder auch nur so zwischendurch. An Weihnachten wechseln viele meiner Art ihre Besitzer.
Geschenk

Ich bin ein Gegenstand, der vom Esstisch nicht wegzudenken ist. Dort bin ich stets sehr hilfreich. Meist besitze ich zwei, drei oder vier Zinken. Mein engster Wegbegleiter ist das Messer.
Gabel

Wir suchen das Wort für eine Ansammlung von Büschen oder Sträuchern. Kindern bietet dieser Ort ein gutes Versteck. In Gärten sorgt er für Schatten und kann auch als Sichtschutz dienen.
Gebüsch

Gesucht wird eine der drei Grundfarben. Mit Rot vermischt ergibt sie Orange. Auch Zitronen oder die Sonne erscheinen in dieser Farbe.

Gelb

Wie nennt man ein mit Farbe auf eine Leinwand oder Papier aufgetragenes Bild? Zahlreiche berühmte Exemplare hängen in Museen oder sind in Ausstellungen zu sehen. Diejenigen, die diese Bilder erschaffen, nennt man Maler oder Künstler.

Gemälde

Das Wort, das wir suchen, ist nicht alles, aber es ist gut, wenn man es hat. Es hat sich als Tausch- und Bezahlungsmittel bewährt. Es kommt als Münze und auch als Schein aus besonderem Papier vor.

Geld

Gesucht wird ein Begriff, der sowohl eine Sportart als auch eine Meeresbucht sein kann. Die Sportart wird mit einem kleinen Ball und verschiedenen Schlägern gespielt.

Golf

Ich bin grün und in den meisten Gärten vertreten. Dort bedecke ich einen Teil des Bodens. Tieren, besonders den Wiederkäuern, diene ich als Futter. Getrocknet werde ich Heu genannt.

Gras

Wir suchen eine Bezeichnung für Backwaren, die süß, aber auch salzig sein können. Die süßen Varianten werden gern zum Kaffee gereicht, die salzigen knabbert man zwischendurch oder beim gemütlichen Zusammensein am Abend. Wenn man diese Backwaren anbietet, verstehen die meisten darunter eine Mischung von süßen Plätzchen.
Gebäck

Gesucht wird ein Stoff, der erheblichen Schaden verursachen kann, selbst wenn er in kleiner Menge in den Organismus eindringt. Eine bedeutende Rolle spielt er beispielsweise in Shakespeares „Romeo und Julia". In vielen Krimigeschichten wird eine Sorte namens Arsen erwähnt.
Gift

Ich bin ein rechtsprechendes Organ. Einige meiner Mitarbeiter werden Richter genannt. Manch einer versteht unter meinem Namen auch eine Speise mit mehreren Komponenten.
Gericht

Der gesuchte Begriff bezeichnet einen Körperteil unter dem Steißbein. Diesen Bereich hält man in den meisten Fällen bedeckt. Andere, unfeinere Wörter für diese Körperregion werden manchmal genutzt, wenn man sich sehr über jemanden ärgert.
Gesäß

H

Der gesuchte Gegenstand wird auf dem Kopf getragen. Ein typisches Erkennungsmerkmal ist seine Krempe. Er kann zum Schutz getragen werden oder als modisches Accessoire dienen. In einem bekannten Volkslied hat er drei Ecken.
Hut

Wir suchen ein Meerestier. Die Wortbedeutung des Namens dieses Knorpelfischs bezieht sich auf seine hakenförmige Schwanzflosse. Dem Ruf, gefährlich zu sein, wird er in der Realität gar nicht gerecht. In einem nach ihm benannten Film ist er weiß.
Hai

In mir sollte es auf jeden Fall gemütlich sein. Damit ich meine Bewohner vor Nässe, Wärme und Kälte schützen kann, brauche ich Wände und ein Dach. In mir kann man nicht nur wohnen, sondern auch arbeiten oder mit anderen Menschen zusammenkommen. Ich habe Fenster und mindestens eine Tür.
Haus

Wir suchen ein Körperteil, der früher auf keinen Fall ungewaschen sein durfte, wenn man auf Familienfeiern erschien. Man findet ihn zwischen dem Kopf und den Schultern. Ketten finden dort ihren Platz.
Hals

Ich bin ein Werkzeug, das jeder gute Handwerker mit sich trägt. Ich werde in der Hand gehalten und mit möglichst viel Schwung bewegt. Mit meiner Hilfe sollte man den Nagel auf den Kopf treffen!

Hammer

Wie nennt man eine Frau aus Märchen oder Geschichten, die sich mit Kräutern und deren heilender Wirkung auskennt und Zauberkräfte hat? Oft wird sie dort als nicht besonders hübsch dargestellt und mit wenig guten Absichten. In neueren Geschichten für Kinder gibt es freundlichere Vertreterinnen, die sich häufig für das Gute einsetzen.

Hexe

Wir suchen einen der ältesten Frauenberufe der Geschichte. Die Trägerinnen dieses Berufstitels begleiten Frauen durch die Schwangerschaft, bei der Geburt eines Kindes und stehen ihnen auch darüber hinaus zur Seite. Bis heute stellt diese Berufsgruppe eine wichtige Begleitung junger Familien dar.

Hebamme

Gesucht wird ein Gartengerät aus Holz und Metall. Es wird üblicherweise verwendet, um Laub oder andere Gartenabfälle zusammenzukehren oder Erde glatt zu ziehen. Es ist nicht so flexibel wie ein Federbesen.

Harke

Ich habe zwei Beine, kann damit aber nicht eigenständig laufen. Mein Verschluss sollte stets geschlossen sein, ansonsten zieht er skeptische Blicke auf sich. Als ich als Frauenkleidung in Mode kam, war ich lange Zeit sehr umstritten. Ich gehöre zu den Beinkleidern.

Hose

Wir suchen den besten Freund des Menschen. Er hat vier Beine, eine meist feuchte Schnauze und führt seine Besitzer gerne bei jedem Wetter hinaus ins Freie. Bekannte Rassen sind der Dackel, der Bernhardiner oder auch der Labrador.

Hund

Gesucht wird eine Mannschaftssportart. Bei diesem Sport treten zwei Mannschaften mit je sieben Spielern an. Ziel ist es, einen Ball in das gegnerische Tor zu befördern. Dieser wird nicht mit dem Fuß gespielt.

Handball

Von mir hast du zwei. Mit mir kannst du deine Umwelt im wahrsten Sinne des Wortes begreifen. Das Besondere an mir ist der Daumen, der dir viele Möglichkeiten eröffnet. Du schreibst mit mir, tippst, greifst, hältst dich fest und zeigst auf das, was du mit deinen Augen siehst.

Hand

I

Gesucht wird ein kleines Säugetier, das hauptsächlich nachts unterwegs ist. Das Tier hat einen relativ kurzen Hals und kurze Beine und sucht seine Nahrung meist auf dem Boden. Seine Farbe ist Bräunlich-Grau. Droht Gefahr, rollt es sich zusammen und stellt seine Stacheln auf.

Igel

Wir suchen einen Staat in Südasien, der zwischen dem Himalaya und dem Indischen Ozean liegt. Es ist das siebtgrößte Land der Erde und bekannt für die dort lebende Elefantenart und den Königstiger. Kulinarisch verbreitet sind dort Gerichte mit Reis, verschiedenen weißen Brotsorten, Hülsenfrüchten und speziellen Gewürzmischungen. Oft werden Curry-Gerichte mit diesem Land in Verbindung gebracht.

Indien

Ich bin ein Tier mit langgestrecktem Körper und kurzen Beinen, das zur Familie der Marder gehört. Ich lebe in Europa und bin nachtaktiv. Mein Fell ist dunkelbraun bis schwarz. Ihr erkennt mich an meiner weißen Färbung im Gesicht und der schwarzen Augenpartie. Wenn ich mein Revier markiere, riecht das wirklich übel!

Iltis

Wir suchen eine Unterkunft mit einem kuppelförmigen Dach. Geübte Hände können sie mit wenig Material in kurzer Zeit erbauen. Sie dient unter anderem als Schlafplatz und als Ort zum Wärmen. Diese Behausung wird aus Schnee gebaut.

Iglu

Gesucht wird ein Dokument, in dem nachgewiesen wird, welchen Stoff eine Person oder ein Tier zur Vorbeugung gegen bestimmte Krankheiten erhalten hat. Dieser Nachweis hat im deutschen Raum heutzutage die Farbe Gelb. Das Dokument wird vom Arzt unterschrieben und muss in bestimmten Fällen auf Reisen in andere Länder mitgenommen werden.

Impfausweis/Impfpass

Wir suchen das Wort für einen Einfall, den man hat, um eine Aufgabe oder ein bestimmtes Problem zu lösen. Das Wort kommt aus dem Altgriechischen und bedeutet ursprünglich so viel wie „Erscheinung“ oder „Gestalt“. Besonders Kinder freuen sich, wenn sie solch einen Einfall haben, und geben dies meist stolz preis.

Idee

Ich bin ein Frauenname. Ich bezeichne aber auch den Teil des Auges, der ihm seine individuelle Farbe gibt und der die Pupille umschließt. In dem Fall werde ich auch Regenbogenhaut genannt.

Iris

Wir suchen einen Begriff, der das Eindringen von Krankheitserregern in den Organismus bezeichnet, welche sich dann dort ansiedeln und vermehren. Die Folge sind unterschiedliche Symptome, die, je nach Ausprägung, ärztlich behandelt werden müssen.

Infektion

Gesucht wird eine Pflanze, die in den Tropen und Subtropen wächst. Sie hat ein schilfartiges Aussehen. Wir kennen jedoch meist nur den knolligen Wurzelstock, der unter der Erde wächst. Mit seinem scharfen und würzigen Geschmack kann man Gerichte oder Gebäck verfeinern. Dazu wird er fein gerieben oder gehackt. Ihm wird eine antibakterielle und durchblutungsfördernde Wirkung nachgesagt.

Ingwer

Ich beschreibe eine Verhaltensweise oder eine Reaktion, die vor allem im Bereich der Tierwelt als angeboren und nicht erlernt gilt. Aber auch viele Menschen haben mich im übertragenen Sinne „im Gefühl". Der, der mich hat, kann sich meist gut auf mich verlassen!

Instinkt

Wir suchen die Amtsbezeichnung eines Beamten im gehobenen Dienst. Geläufiger ist der Begriff dem ein oder anderen als Dienstgrad der britischen Polizei. Berühmte Vertreter aus Funk und Fernsehen tragen die Namen Clouseau, Gadget oder Columbo.

Inspektor

J

Wir suchen ein Spurenelement, das für unseren Körper lebensnotwendig ist, das er aber nicht selbst produzieren kann. Es wird für die Produktion von Schilddrüsenhormonen benötigt. Einen hohen Anteil dieses Spurenelements beinhalten beispielsweise Schellfisch, Hering und Spinat. Früher wurden Wunden mit einer Lösung dieses Elements desinfiziert.

Jod

Meine Zahl verändert sich im Laufe der Zeit. Ich beginne und ende immer an der Schwelle zum gleichen Monat. Erst wenn der zwölfte Monat vergangen ist, bin ich vollendet und kann neu beginnen. Manchmal ist eines meiner Selbst einen Tag länger als die anderen.

Jahr

In Märchen tritt diese Figur als Retter vor dem Bösen auf, der das Gute besiegelt. Ein bekanntes Volkslied erzählt von jemandem dieses Berufsstands, der aus der Kurpfalz stammt. Um den Beruf im wahren Leben auszuüben, benötigt man in Deutschland eine Erlaubnis bzw. eine Lizenz. Ein anderer bekannter Begriff für diese Person ist Waidmann.

Jäger

Gesucht wird der flächenmäßig viertgrößte Inselstaat der Welt. Dieser ostasiatische Staat liegt im Pazifik. Bekannt ist er als das „Land der aufgehenden Sonne“. Die Flagge ist weiß mit einem roten Punkt.
Japan

Ich bin eine Großkatze, die in Mittel- und Südamerika lebt. Ich bin die drittgrößte Katze der Welt. Mein Fell schimmert meistens goldgelb und hat rosettenförmige dunkle Flecken. Ich bin sehr kräftig und ähnele einem Leoparden, der allerdings kleiner ist als ich. Meinen Namen habe ich einer bekannten Automarke geliehen.
Jaguar

Wir suchen einen männlichen Vornamen. Im Neuen Testament war eine Figur mit diesem Namen ein enger Wegbegleiter Jesu. Auch einer der vier Evangelisten trägt diesen Vornamen. Ein von 1978 bis 2005 amtierender Papst trug ebenfalls diesen Namen.
Johannes

Gesucht wird ein Kleidungsstück, das am Oberkörper getragen wird. In den meisten Fällen ist es langärmelig und hat Taschen. Üblicherweise trägt man es draußen als Schutz vor Wind und Kälte. Die Beschaffenheit wird von den Herstellern an die verschiedenen Jahreszeiten angepasst.
Jacke

Wir suchen eine Anordnung von festen oder beweglichen Lamellen, die dem Sichtschutz oder Sonnenschutz dienen. Diese Lamellen können beispielsweise aus Holz, Kunststoff oder Aluminium sein. Die ersten Vorrichtungen dieser Art waren nicht verstellbar und dienten als Sichtschutz von außen, ermöglichten aber gleichzeitig den Blick aus einem Innenraum nach draußen. Das Wort dafür kommt aus dem Französischen.

Jalousie

Ich bin die Frucht einer Pflanze, die zur Familie der Stachelbeergewächse gehört. Als Obstsorte bin ich in Rot, Schwarz oder Weiß bekannt. Die Blüten der Schwarzen meiner Art werden zur Parfümherstellung verwendet. In einigen Teilen Deutschlands bin ich als Ribisel bekannt. Ich werde rund um den Johannistag reif. Ich bin sehr gesund, kann aber auch sehr sauer schmecken.

Johannisbeere

Gesucht wird ein im Mittelalter entstandener Begriff, der für ein jährlich stattfindendes, meist mehrtägiges Volksfest steht. Gefeiert wurden solche Feste meist rund um kirchliche Feiertage oder in einer bestimmten Jahreszeit, um dort saisonale Produkte zu verkaufen. Schausteller sorgten für gute Unterhaltung. Heute werden für diese Feste andere Begriffe verwendet, wie zum Beispiel Kirmes oder Volksfest.

Jahrmarkt

K

Ich bin ein Gebäckstück, das man sowohl selbst backen als auch kaufen kann. Oft bestehe ich aus einem Mürbeteig. Von Kindern werde ich in der Adventszeit gerne ausgestochen und verziert.
Keks

Wir suchen ein beliebtes Heimtier. Streng genommen ist dieses Tier mit vier Beinen ein Raubtier, es hat sich aber im Laufe der Jahre an das Leben mit Menschen gewöhnt. Die Ohren haben die Form von Dreiecken. Das Tier besitzt scharfe Krallen. Manchmal schenkt es seinem Besitzer als Zeichen der Zuneigung eine Maus.
Katze

Ich bin ein Zusammenschluss von einzelnen Leitungen, die der Weitergabe von Informationen oder von Energie dienen. Meist bin ich mit Kunststoff ummantelt. Ich bin die Verbindung zwischen einem elektrischen Gerät und einer Steckdose. Bin ich sehr lang, werde ich üblicherweise auf einer Rolle transportiert und gelagert.
Kabel

Gesucht wird der Name für einen umschlossenen Raum, in dem man sich für eine begrenzte Zeit aufhalten kann. Diesen Raum findet man beispielsweise in einem Flugzeug,

einem Schiff oder in einem Geschäft, in dem man Kleidung kaufen kann. Man kann darin auch auf einen Berg fahren oder duschen. Der Begriff reimt sich auf Marine.
Kabine

Wir suchen ein Tier, das zur Klasse der Insekten gehört. Es besitzt sechs Beine, zwei Fühler und ein verfestigtes Flügelpaar, das die darunter liegenden Hautflügel schützt, die es zum Fliegen braucht. Der Körper besteht aus drei Segmenten, wovon eines von oben oft nicht zu erkennen ist. Ein bekannter Vertreter seiner Art ist nach einem Monat benannt, ein anderer nach einem Waldtier mit Geweih.
Käfer

Ich bin ein Milchprodukt, das geschnitten oder verstrichen werden kann. Meist entstehe ich durch Gerinnung der Milch. Es gibt niederländische Städte, die bestimmten Sorten ihren Namen geben. Auch in der Schweiz werde ich hergestellt. Redensartlich schließe ich den Magen.
Käse

Gesucht wird das Wort für Platten aus gebranntem Ton, die als Wand- oder Bodenverkleidung dienen. Es gibt sie in verschiedenen Größen. Rund um einen Ofen angebracht, können sie die Wärme gut speichern und langsam und gleichmäßig abgeben. Ihre Oberfläche ist meist glasiert und gebrannt.
Kacheln

Wir suchen eine Form der Kleinkunst, in der Humor und Kritik – zum Beispiel an der Politik oder an gesellschaftlichen Themen – miteinander vermischt werden. Das Wort hierfür kommt aus dem Französischen und bedeutet so viel wie „Kneipe“ oder „Schänke“. Elemente dieser Kleinkunst-Form sind unter anderem Musik, kleine schauspielerische Szenen und Gedichte. Ein bekannter Vertreter dieses Genres war Dieter Hildebrandt.

Kabarett

Ich bin jemand, der sein Geld damit verdient, Speisen für andere Menschen zuzubereiten. Ich habe meinen Beruf im Rahmen einer Ausbildung erlernt und konnte mich danach weiterqualifizieren. Eine begehrte Auszeichnung für Vertreterinnen und Vertreter meines Berufsstands ist der Michelin-Stern. Wir arbeiten beispielsweise in Restaurants, Kantinen oder Hotels.

Koch

Gesucht wird eine Fleischspezialität. Bei der Zubereitung werden Scheiben aus dem Rippenstück inklusive Knochen gebraten oder gegrillt. Das Fleisch kommt vom Schwein, Kalb oder Lamm. Das Wort dafür kommt aus dem Französischen und bedeutet Rippchen.

Kotelett

L

Ich bin die zweitgrößte Art der Katzen. Ich lebe in Afrika und ein paar meiner Artgenossen auch in Indien. Ich lebe in Rudeln. Als Männchen bin ich stolz auf meine prächtige Mähne. Ich gelte als mächtiges, starkes und mutiges Tier und daher auch als der König der Tiere.

Löwe

Wir suchen ein alkoholisches Getränk, das einen sehr hohen Zuckergehalt hat. Der Zuckergehalt muss laut Vorgaben der EU mindestens bei 100 g pro Liter des fertigen Erzeugnisses liegen. Es wird in kleinen Gläsern beispielsweise als Aperitif oder zum Dessert getrunken. Der Begriff leitet sich von dem lateinischen Wort „liquor“ für Flüssigkeit ab.

Likör

Gesucht wird etwas, das sowohl in einer süßen als auch in einer salzigen Variante verzehrt werden kann. Es ist dunkelbraun bis schwarz und wird aus dem Wurzelextrakt des Echten Süßholzes hergestellt. Wer den Geschmack mag, kann es in unzähligen Variationen genießen. Hierzulande ist es eine Süßigkeit, in anderen Ländern werden damit auch Getränke zubereitet.

Lakritz

Wir suchen einen Raum, der meist ein großes Fenster hat, das oft umdekoriert wird. Dort kann man Dinge kaufen. Die Tür ist während der Öffnungszeiten von jedermann zu öffnen. Ein anderes Wort für diesen Raum ist Geschäft.
laden

Gesucht wird das Wort für eine schriftliche Zusammenstellung von Begriffen, die einen Zusammenhang haben. Die Zusammenstellung kann handschriftlich oder zum Beispiel auf einem Computer erfolgen. Die Begriffe werden in der Regel untereinander geschrieben. Viele nehmen so eine Zusammenstellung als Gedankenstütze mit zum Einkaufen.
liste

Ich bin da, um Licht ins Dunkel zu bringen. Mich gibt es in verschiedenen Ausführungen. Mal hänge ich an der Wand, mal kannst du mich in die Hand nehmen, mal leuchte ich dir an deinem Fahrrad den Weg. Früher war ich meistens mit einem Schirm bestückt.
lampe

Wenn ich losgehe, bist du besser nicht in meiner Nähe. Beim ersten Gedanken bringst du mich wahrscheinlich mit Schnee in Verbindung. Wenn du Wintersportler bist, weißt du, was zu tun ist, wenn du von mir verschüttet wirst. Löse ich ein Unglück aus, helfen spezielle Suchhunde, die in Not geratenen Menschen zu retten.
lawine

Ich kann dir in vielen Lebensbereichen helfen. Ob in der Seefahrt, als Hundehalter oder beim Wäscheaufhängen – als langes, festes Band bin ich dir eine wertvolle und praktische Unterstützung. Wenn man jemandem wenig erlaubt, hält man ihn sprichwörtlich an einer kurzen Ausführung.

leine

Wir suchen den Begriff für ein Gasgemisch, das uns das Leben auf der Erde ermöglicht. Im Urzustand riecht und schmeckt es nach nichts. Es besteht hauptsächlich aus Stickstoff und Sauerstoff. Frisch Verliebte möchten einem Sprichwort nach gerne nur davon und von ihrer Liebe leben.

luft

Gesucht wird das Wort für ein flaches, kleines Gewässer, das vom offenen Meer abgetrennt ist. Durch seine abgelegene Lage ist es ein beliebtes Rückzugsgebiet für Wasservögel und Fische. Die Bewohner der Stadt Venedig haben ein solches Gewässer genutzt, um sich dort anzusiedeln.

lagune

Ich bin die Bezahlung für eine Leistung, die im Rahmen eines Arbeitsverhältnisses erbracht wurde. Auch für Dienstleistungen werde ich gezahlt. Berechnet werde ich üblicherweise pro festgelegter Zeitspanne, zum Beispiel pro Stunde. In einem Arbeitsverhältnis werde ich meist am Ende des Monats ausgezahlt.

lohn

M

Ich bin ein Nagetier. Mein Fell kann grau, braun, schwarz oder weiß sein. Ich bin klein und habe einen langen Schwanz. Manch einer hat Angst vor mir. Gefährlich bin ich nicht. Wenn sich zwei streiten, sollen sie einem Sprichwort nach wie eine Katze und ich sein.

Maus

Wir suchen einen Monat im Jahreskreis. Dieser Monat ist nach dem griechischen Kriegsgott Mars benannt. Es ist der dritte Monat des Jahres. In diesem Monat beginnt der Frühling.

März

Gesucht wird das Wort für eine große zusammenhängende Wassermasse, die unseren Planeten bedeckt. Dieses Wasser umgibt unsere Kontinente und ist salzhaltig. Es wird in fünf Ozeane eingeteilt. Diese unterliegen den Gezeitenkräften.

Meer

Man kennt mich aus dem Zirkus. Dort liege ich üblicherweise im Mittelpunkt. Ich bin rund und diene als Bühne für Artisten, Clowns und Zauberer. Treten Raubtiere in mir auf, werde ich zu einem großen Käfig.

Manege

Wir suchen eine Pflanze, die als Gemüse verzehrt wird. Gegessen wird fast ausschließlich die unter der Erde liegende Wurzel. Diese Wurzel ist häufig orange, kann aber auch rot, weiß oder lilafarben sein. Das Grün, das an der Oberfläche wächst, ist besonders bei Kaninchen sehr beliebt. Die Pflanze wird auch Karotte, Rübe oder Wurzel genannt.
Möhre

Gesucht wird ein Tier mit vier Beinen, das zur Gattung der Elefanten gehört. Auffällig sind die großen und langen Stoßzähne, die bei manchen Exemplaren spiralförmig zulaufen. Das Tier ist vor etwa 4.000 Jahren ausgestorben.
Mammut

Wir suchen ein Kleidungsstück, das im Winter gegen Kälte schützt. Das Kleidungsstück wird über dem Oberkörper getragen, bedeckt aber mindestens noch die Oberschenkel. Es gibt eine Modellvariante, die nach dem Baden angezogen werden kann. Das Kleidungsstück wird in verschiedenen Schnitten und Stoffen verkauft. Das englische Wort dafür ist „coat“.
Mantel

Ich bin ein Fahrzeug, das auf zwei Rädern fährt. Üblicherweise habe ich einen oder zwei Sitzplätze. Mein Fahrer muss einen Helm und passende Schutzkleidung tragen. Kleinere Ausgaben meiner Art werden Mofa oder Moped genannt.
Motorrad

Wir suchen das Wort für eine Person mit besonderen Fähigkeiten, die sich aus der Sicht des Beobachters mit den Naturgesetzen nicht in Einklang bringen lassen. Eine dieser Personen war Merlin. Heute werden auch Unterhaltungskünstler so bezeichnet. Ein anderes Wort dafür ist Zauberer.
Magier

Gesucht wird ein Carbonatgestein, das sich aus verschiedenen Mineralen zusammensetzt. Das Wort dafür kommt aus dem Altgriechischen und bedeutet so viel wie „glänzender Felsblock". Die Gewinnung dieses Gesteins ist sehr aufwändig. Es wird gerne für die Herstellung von Skulpturen benutzt. Auch berühmte Bauwerke wie die Akropolis bestehen aus diesem Material. Ansonsten wird es beispielsweise für Bodenbeläge, Wandfliesen oder Fensterbänke verwendet.
Marmor

Ich bin eine Hunderasse. Ich bin ein eher kleiner Vertreter meiner Art. Meine Wurzeln liegen in Asien. Auffällig sind mein runder Kopf, meine hervorstehenden Augen und meine flache, dunkel gefärbte Schnauze. Meine Rute trage ich stets zusammengerollt. Loriot sagte einmal, dass ein Leben ohne mich möglich, aber sinnlos sei.
Mops

N

Wir suchen das Wort für eine kurze Bemerkung, die zum Beispiel als Gedankenstütze dienen kann. Diese Bemerkung wird schriftlich festgehalten. Das kann auf einem Zettel, einem Block oder in einem genau dafür vorgesehenen Buch erfolgen. Manchmal reichen auch Symbole oder Abkürzungen, um einen Gedanken auf diese Art und Weise festzuhalten. Der gesuchte Begriff steht auch dafür, dass man jemanden wahrnimmt.

Notiz

Viele von Ihnen kennen mich als einen der längsten Flüsse der Erde. Ich fließe durch Afrika und münde in Ägypten in das Mittelmeer. Vor vielen, vielen Jahren half ich, das altägyptische Pharaonenreich entstehen zu lassen. Aufgrund meiner Hinterlassenschaften nach Überschwemmungen wurde das Land um mich herum auch „Schwarzes Land“ genannt.

Nil

Wir suchen das Wort für eine Himmelsrichtung. In dieser Himmelsrichtung ist – einem Merksatz zufolge – die Sonne nie zu sehen. Bewegt man sich auf der Weltkugel in diese Richtung, wird es kälter. Es gibt ein bekanntes Lichtphänomen, das dort am Himmel zu sehen ist. Dieses Phänomen wird auch Polarlicht genannt.

Norden

Wie nennt man eine Masse aus gerösteten und gemahlenen Haselnüssen, Zucker, Schokolade und weiteren Zutaten, die in vielen unterschiedlichen Varianten als Süßware verkauft wird? Die dunklen Variationen haben ihre Ursprünge in Italien. Die gesuchte Masse kann pur, als Praline, als Füllung im Kuchen oder als Brotaufstrich verzehrt werden. Vielen von Ihnen ist sie wahrscheinlich in Form von Pralinen zu Ostern oder Weihnachten bekannt.

Nougat

Gesucht werden bekannte Wasserfälle eines ebenso bekannten und gleichnamigen Flusses. Die an den Fluss angrenzenden Städte – eine im US-Bundesstaat New York, die andere auf kanadischem Boden – sind ebenfalls nach ihm benannt. Diese Naturschauspiele, an denen das Wasser 57 Meter in die Tiefe stürzt, werden jährlich von zahlreichen Touristen besucht. Nach ihnen wurde ein Film mit Marilyn Monroe benannt.

Niagarafälle

Ich bin ein Körperteil, das nicht besonders groß ist. Manch einer hadert trotzdem mit meiner Größe und meckert, wenn ich ihm zu groß bin. Ich helfe dir zu atmen, zu riechen und zu schmecken. Ich liege mitten in deinem Gesicht. Deinen Zeigefinger solltest du – zumindest in Gesellschaft – aus mir herauslassen.

Nase

Ich bin ein Utensil, das du zum Nähen brauchst. Sei auf jeden Fall vorsichtig, wenn du mit mir arbeitest – ich kann ganz schön unangenehm werden. Wenn man keine große Hoffnung hat, etwas wiederzufinden, was man verloren hat, dann sucht man mich sprichwörtlich in einem Heuhaufen.

Nadel

Ich bin eine Frühlingsblume, die relativ früh im Jahr blüht. Mein Name leitet sich aus dem Griechischen ab und bedeutet so viel wie „betäuben". Ich wachse aus einer Blumenzwiebel. Den meisten von Ihnen sind meine Blütenblätter bestimmt in einem hellen bis dunklen Gelbton bekannt. Zusammen mit der Tulpe werde ich in dem Lied „Geh aus, mein Herz, und suche Freud" besungen. Ich werde auch Osterglocke genannt.

Narzisse

Gesucht werden gegarte Teigwaren aus gemahlenem Getreide. Diese können in verschiedenen Größen und aus unterschiedlichen Zutaten hergestellt werden. Sie werden zum Beispiel mit Soßen, mit Öl und Gewürzen oder gefüllt angerichtet. Manch einer genießt sie auch ohne weitere Zutaten. Gegart werden sie in kochendem Wasser. Bekannte Vertreter dieser Art sind die Spaghetti.

Nudeln

O

Ich bin eines deiner Sinnesorgane. Ich befinde mich an deinem Kopf. Zu mir gehören eine Muschel, ein Läppchen und eine Schnecke. Außerdem Hammer, Steigbügel und Amboss. In mir liegt dein Gleichgewichtsorgan. Mit meiner Unterstützung kannst du hören, was gerade um dich herum geschieht.
Ohr

Wir suchen ein Raubtier mit einem langgestreckten Körper, das ein meist braunes, sehr dichtes Fell besitzt. Zwischen den Zehen an seinen kurzen Beinen hat es Schwimmhäute. Es ist fast auf der ganzen Welt verbreitet und ein sehr guter Schwimmer. Der Eingang seines Baus liegt unter Wasser. Man nennt das Tier auch Wassermarder.
Otter

Gesucht wird ein Musikinstrument, das mit Tasten gespielt wird. Die Töne werden erzeugt, indem Luft durch Pfeifen geblasen wird. Besonders große Exemplare findet man in Kirchen oder großen Konzertsälen. Eine Person, die dieses Instrument spielt, nennt man Organistin oder Organist.
Orgel

Ich bin dafür gebaut, dass in meinem Innern Wärme erzeugt werden kann. Diese Wärme wird üblicherweise zum Heizen oder zum Kochen bzw. Backen genutzt. In ganz großen Ex-

emplaren meiner Art wird Stahl erzeugt. Die Wärme entsteht zum Beispiel durch das Verbrennen von Holz, Gas, Öl oder Kohle. Im Bereich der Küche funktioniere ich heute im alltäglichen Hausgebrauch mit Strom.
Ofen

Gesucht wird ein sehr dünnes Gebäck, das aus Mehl, Stärke und Wasser besteht. Dieses wird zwischen zwei Eisen gebacken und in runde oder eckige Stücke gestanzt. Man kennt es auch als Esspapier oder Trägermaterial für Makronen in der Weihnachtszeit. Im Bereich der Kirche nennt man es Hostie.
Oblate

Ich bin sowohl eine Gestalt aus griechischen Sagen als auch ein Sternbild. Einen nach mir benannten Nebel findet man auch in diesem Sternbild. Ich bin ein auffälliges Phänomen am Winterhimmel und habe zwei besonders helle Sterne. Die griechische Sagengestalt, deren Namen ich trage, war ein starker Jäger.
Orion

Wir suchen das Wort für einen Ort in einer Wüste, an dem Pflanzen wachsen können. Dieser Ort entsteht durch und an Wasserstellen oder Quellen. Seine Größe kann erheblich variieren. Früher war es ein Ort, an dem Karawanen versorgt und Handelsplätze aufgebaut wurden.
Oase

Wir suchen einen Begriff aus der Musik. Dieser Begriff beschreibt das Intervall zwischen zwei Tönen, das acht Tonstufen umfasst. Diese beiden Töne erklingen sehr harmonisch. Unser Tonsystem wird nach diesen Intervallen eingeteilt.
Oktave

Ich bin eine Steinfrucht. Der Baum, an dem ich wachse, ist eine Nutzpflanze. Mich gibt es in Grün oder Schwarz. In der mediterranen Küche bin ich sehr beliebt. Du kannst mich als Frucht verzehren oder in Form eines gesunden, aus mir gepressten Öls. Ich bin die Frucht des sogenannten Echten Ölbaums.
Olive

Wir suchen die Bezeichnung für ein nordatlantisches Tiefdruckgebiet mit Windstärke 12 oder mehr. Dieses Wetterphänomen tritt meistens im Herbst und Winter auf. Der Begriff dafür ist mit dem Wort „Hurrikan" verwandt. Ein bekanntes Phänomen dieser Art, das in Deutschland im Jahr 1999 zahlreiche Schäden verursachte, trug den Namen Lothar.
Orkan

Ich bin jemand aus deiner näheren Verwandtschaft. In der Regel bin ich älter als du. Ich bin der Bruder deiner Mutter oder deines Vaters. Meine Kinder wären deine Cousins oder Cousinen. Bei Disney ist es Donald für Tick, Trick und Track.
Onkel

P

Wir suchen ein Werkzeug, das man zum Beispiel zum Malen benutzt. Es hat einen Stiel, der meist aus Holz ist, und es ist mit Haaren oder Borsten bestückt. Man benötigt es, um verschiedene Arten von Farbe aufzutragen. Es wird mit Wasser oder einem Lösungsmittel gereinigt. Ein großer Vertreter seiner Art wird Quast genannt.
Pinsel

Ich bin eine Pflanze aus der Familie der Korbblütler. Im Laufe meines Daseins ändert sich das Aussehen meines Blütenkleids. Gesucht wird eine Bezeichnung, die ich trage, wenn meine gelben Blüten bereits verblüht sind. Meine Früchte werden dann mit dem Wind fortgetragen. Besonders für Kinder habe ich eine hohe Anziehungskraft.
Pusteblume

Gesucht wird ein Musikinstrument. Das Schlaginstrument kann Teil eines Orchesters sein. Klassischerweise werden dort mehrere von ihm gebraucht. Es besteht aus einem kesselförmigen Körper aus Kupfer, Kunststoff oder Aluminium und einem Fell aus Kunststoff oder Tierhaut. Das Instrument wird mit Schlägeln gespielt. Wenn man einem Sprichwort zufolge darauf haut, dann feiert man ausgelassen.
Pauke

Wir suchen einen Werkstoff, der sehr flach ist. Er besteht aus Fasern, die heutzutage meist aus Holz gewonnen werden. Es gibt viele verschiedene Sorten. Auf einer kann man schreiben, eine andere benutzt man beim täglichen Geschäft im Bad. Auch bei der Kaffeezubereitung kann es hilfreich sein. Auf einer Spezialform werden Banknoten gedruckt.

Papier

Ich bin eine Einheit, die eine Masse bezeichnet. Im Mittelalter und in der Frühen Neuzeit war ich in Europa ein verbreitetes Handelsgewicht. Ich bin ein halbes Kilogramm schwer. Früher konnten es auch mal mehr und mal weniger als 500 Gramm sein.

Pfund

Gesucht wird eine Fußbekleidung. Früher gab es nur Modelle ohne Fersenteil, heute gibt es auch Varianten mit einem Fersenteil. Ursprünglich stammt diese Fußbekleidung höchstwahrscheinlich aus dem Orient. Dort war sie mit Stickereien und Gold verziert. Steht ein Mann sprichwörtlich darunter, dann ordnet er sich zu Hause der Hausherrin unter. Andere Wörter dafür sind Hausschuh, Schlappen oder Puschen.

Pantoffel

Wir suchen das Wort für das gemeinsame Üben eines Ablaufs vor einem Auftritt oder einer anderen Form der Darbietung. Ziel ist es dabei, eine gewisse Routine und eine

bestmögliche Qualität zu erreichen. Im Volksmund soll es ein gutes Zeichen sein, wenn die Letzte ihrer Art vor dem Moment, auf den man hingearbeitet hat, nicht zufriedenstellend ist.
Probe

Der Begriff, der nun gesucht wird, stammt ab vom Namen einer der sieben Hügel Roms. Wir verwenden ihn für einen prachtvollen Bau. Man könnte ihn auch als Residenz bezeichnen. Der Hügel, von dem sich der Begriff ableitet, heißt Palatin.
Palast

Gesucht wird ein anderes Wort für ein Ausweisdokument. In dem Dokument ist festgehalten, wie sein Inhaber heißt, wo er wohnt und welche Staatsangehörigkeit er besitzt. Das Dokument bleibt Eigentum des Staates. Das Wort bezeichnet auch einen Übergang über einen Teil eines Gebirges.
Pass

Wir suchen die Bezeichnung für ein Gemisch aus Geruchsstoffen und Alkohol, das dazu verwendet wird, einen angenehmen Duft zu erzeugen. Dieses Gemisch kann beispielsweise auf die Haut aufgetragen werden und verändert dadurch den Duft des Körpers. Die Bezeichnungen Eau de Cologne, Eau de Toilette und Eau de Parfum geben an, wie viel Duftstoff in der Mischung vorhanden ist.
Parfum

Gesucht wird eine europäische Hauptstadt. Bekannte Sehenswürdigkeiten sind der Arc de Triomphe, der Louvre, Notre Dame, die Champs-Élysées und der Eiffelturm. Der Fluss Seine fließt durch die Stadt. Sie ist die Hauptstadt Frankreichs.

Paris

Wir suchen ein anderes Wort für Lehrer. Das Wort leitet sich von einem Begriff ab, der heute für intensives Lernen und Üben steht. Ursprünglich stammt er aus dem Bereich der Sportart Fechten. Im Jahr 1958 erschien ein gleichnamiger Film mit Heinz Rühmann, Klaus Löwitsch, Gert Fröbe und Bruni Löbel.

Pauker

Das nun gesuchte Wort ist ein Gesamtbegriff für einen Karton und dessen Inhalt. Dieser Karton wird oft verschickt und dem Empfänger von einem speziellen Boten zugestellt. Er kann, je nach Inhalt, unterschiedlich groß und schwer sein. Ein sehr kleines Exemplar seiner Art wird Päckchen genannt.

Paket

Ich bin der größte und bekannteste Zwergplanet unseres Sonnensystems. Bis ins Jahr 2006 galt ich sogar noch als neunter der um die Sonne kreisenden Planeten. In einer bekannten Comicreihe bin ich der Haushund von Mickey Maus.

Pluto

Q

Ich gehöre zu den Nesseltieren und bin ein Bewohner der Weltmeere. Hierzulande findet man mich in der Nord- und Ostsee. Du erkennst mich an meinem schirmartigen Körper und meinen Tentakeln. Berühren solltest du mich besser nicht, mein Sekret könnte dich verletzen und zum Beispiel Verbrennungen auf deiner Haut hervorrufen.
Qualle

Gesucht wird ein Wort für eine Richtung oder eine Lagebezeichnung. Streifen auf Kleidungsstücken in der gesuchten Lage sollen Personen, die diese tragen, fülliger erscheinen lassen. Dieses Wort kann auch „schräg“ heißen oder „diagonal“. Manchmal verläuft etwas auch einfach „kreuz und …“.
quer

Wir suchen ein Wort für ein Spiel, bei dem Wissensfragen zu unterschiedlichen Themen beantwortet werden sollen. Diese Art Spiel gibt es als Brett- bzw. Gesellschaftsspiel und mittlerweile auch in vielen Varianten als Sendung im Fernsehen. Im Fernsehen gibt es dabei oft etwas zu gewinnen. Ein anderes Wort dafür ist Rätsel oder Ratespiel.
Quiz

Gesucht wird ein Milchprodukt. Es ist weich bis krümelig, aber nicht flüssig und schmeckt ein wenig säuerlich. Es gehört zu den Frischkäsesorten und ist weiß. Bei der Herstellung wird so viel Molke wie möglich aus dem Produkt entfernt. Im Handel wird üblicherweise zwischen drei Fettstufen unterschieden. Mit Kräutern und Gewürzen verfeinert ist es eine beliebte Beilage zu Pellkartoffeln.
Quark

Wir suchen das Wort für einen Ort, an dem Grundwasser an die Erdoberfläche austritt. Das gesuchte Wort könnte auch „Ursprung" bedeuten. Wenn man im sprichwörtlichen Sinne daran sitzt, dann kommt man an wichtige und interessante Informationen.
Quelle

Wir suchen einen Begriff, der etwas ausdrückt, was sehr unangenehm ist. Nicht endende Schmerzen können zum Beispiel so etwas sein. Wer die Wahl hat, hat sprichwörtlich den gesuchten Begriff.
Qual

Gesucht wird etwas, das durch Verbrennung entsteht. Es ist ein Gemisch aus Gas und kleinen Teilchen. Für den menschlichen Organismus kann es sehr schädlich sein. Bei einem Brand sollte man es möglichst nicht einatmen. Ein anderes Wort dafür ist Rauch.
Qualm

Wir suchen ein Mineral. Dieses Mineral ist das zweithäufigste, das in der Erdkruste vorkommt. Fachleute kennen es auch als Siliciumdioxid. Es wird als Sand bei der Keramikherstellung eingesetzt oder auch als Schleifmittel. Weiter kann es Teil eines Bauelements sein, das bei Uhren als Taktgeber dient. In der Esoterik gilt es als Heilstein.
Quarz

Ich war jahrzehntelang das Staatsoberhaupt des Vereinigten Königreichs. Neben meinen zahlreichen öffentlichen Verpflichtungen interessierte ich mich für Hunde und Pferde. Mein langjähriger Ehemann, mit dem ich über 73 Jahre verheiratet war, hieß Prinz Philip. Meine Krönung wurde als Weltpremiere am 2. Juni 1953 im Fernsehen übertragen. Ich war das am längsten amtierende Staatsoberhaupt der Welt.
Queen (Elizabeth II.)

Gesucht wird der Begriff für eine Zierdecke, die üblicherweise aus drei Lagen besteht. Diese drei Lagen – zwei Stoffbahnen und ein Innenvlies – sind kunstvoll miteinander verbunden. Besteht die Oberseite aus aneinandergenähten Flicken, nennt man das Patchwork. Die fertige Zierdecke kann als Tagesdecke dienen oder auch als Wandteppich aufgehängt werden.
Quilt

R

Wir suchen das Wort für eine Anleitung zum Kochen oder Backen. In dieser Anleitung stehen die dafür benötigten Zutaten und ein Ablauf, wie und in welcher Reihenfolge man diese dem Gericht hinzufügt. Außerdem findet man dort oft eine ungefähre Zubereitungszeit und die optimale Temperatur und Backzeit.
Rezept

Gesucht wird ein Begriff für eine Aufgabe, die durch Denken und mithilfe von Wissen gelöst werden soll. Das kann zum Beispiel eine Frage sein, eine Umschreibung oder auch ein Bild, in dem eine zu lösende Aufgabe steckt. Solche Aufgaben können leicht oder auch ganz schön knifflig sein. Sie dienen dem Zeitvertreib, können ein Hobby sein oder werden zur Aneignung von neuem Wissen gelöst.
Rätsel

Wir suchen die Bezeichnung für ein Jungtier der kleinsten europäischen Hirschart. Die Väter dieser Jungtiere haben nur sehr kleine Geweihe. Die Jungtiere haben in der Zeit nach ihrer Geburt kleine weiße Punkte in ihrem Fell. Ein sehr bekanntes dieser Jungtiere aus einer gleichnamigen Geschichte heißt Bambi.
Rehkitz

Wir suchen den Begriff für ein Treffen, bei dem man in einem Kreis zusammensitzt oder so, dass sich alle Teilnehmer anschauen und unterhalten können. Das Treffen kann privat organisiert sein oder aus beruflichen Gründen stattfinden. Nach einer Geburtstagsfeier sagt man beispielsweise, dass diese Art der Zusammenkunft sehr gemütlich war.

Runde

Gesucht wird ein Wintergemüse. Die einzelnen Blätter, aus denen es besteht, wachsen eng anliegend zu einer Kopfform zusammen. Es wird roh als Salat oder gekocht als Gemüse gegessen. Bei der Zubereitung werden oft kleine Apfelstückchen, Lorbeerblätter und Nelken dazugegeben. Ein anderes Wort dafür ist Blaukraut.

Rotkohl

Ich bin eine Larve, deren Körper aus mehreren aneinandergereihten Segmenten besteht. Ich werde mich dick und rund fressen und dann verpuppen. Aus mir wird einmal ein wunderschöner Schmetterling. Ich bin die Hauptfigur in einem der bekanntesten Kinderbücher der Welt.

Raupe

Ich fasse etwas ein. Das kann zum Beispiel ein Bild sein, ein Spiegel, ein Fenster, eine Tür oder eine Matratze. Ist etwas für eine Sache oder eine Situation ungewöhnlich, dann fällt es sprichwörtlich aus mir heraus.

Rahmen

Wir suchen ein hohes öffentliches Amt bei Gericht, dessen Aufgabe die Rechtsprechung ist. Die dieses Amt innehabenden Frauen oder Männer werden mit „Euer Ehren" oder „Frau/Herr Vorsitzende(r)" angesprochen. Dieses Amt gibt es schon sehr lange. Noch heute tragen manche Amtsinhaber Talare oder Roben vor Gericht.

Richter

Gesucht wird ein runder Gegenstand, mit dessen Hilfe man sich fortbewegen kann. Es gibt Fahrzeuge mit einem, zwei, drei, vier oder auch mehr Vertretern seiner Art. Die Gegenstände können groß oder klein und aus unterschiedlichen Materialien gefertigt sein. Ganz früher waren sie lange Zeit aus Holz. Meist sind zwei von ihnen an einer Achse befestigt. Fahrzeuge mit einem, zwei oder drei dieser runden Gegenstände werden oft nach deren Anzahl benannt.

Rad

Ich bin der fettige Teil der Milch, der sich oben absetzt, wenn man die Milch lange stehen lässt. Die schwerere Magermilch setzt sich unten ab. Schöpft man mich ab, kann ich zu verschiedenen Milchprodukten weiterverarbeitet werden. In manchen Regionen Deutschlands bin ich ein anderes Wort für Sahne.

Rahm

S

Wir suchen ein Kleidungsstück für den Fuß und das Bein. Es liegt eng an und kann am Bein unterschiedlich lang sein. Wenn man sich redensartlich auf das gesuchte Wort macht, dann macht man sich auf den Weg. Ein anderes Wort dafür ist Strumpf.

Socke

Gesucht wird ein lateinamerikanischer Paartanz. Der Tanz stammt ursprünglich aus Brasilien. Er zeichnet sich durch auffällige Hüftbewegungen aus. Tony Holiday lädt in seinem Schlager aus den 1970er-Jahren ein, genau diesen Tanz mit ihm zu tanzen.

Samba

Ich werde dazu genutzt, feste Bestandteile von Flüssigkeiten zu trennen. Mit meiner Hilfe kann man auch Klumpen in feinen Substanzen lösen. Ich bestehe aus Metall oder Kunststoff und kann verschieden große Löcher haben. Gewöhnlich bin ich rund und habe zwei Griffe. Einer der Griffe kann ein Stiel sein. Wenn man mich benutzt, nennt man das auch seihen.

Sieb

Wir suchen das Wort für einen Raum, der mithilfe eines Ofens erhitzt wird. Begibt man sich in solch einen Raum und hält sich dort eine Zeit lang auf, soll dies eine gesundheitsfördernde und entspannende Wirkung haben. Der Raum ist mit Holz ausgekleidet, die Luft wird dort auf ca. 100° C, manchmal auch ein wenig mehr, erhitzt. Um die Luftfeuchtigkeit zu erhöhen, werden sogenannte Aufgüsse gemacht, bei denen Wasser auf heiße Steine gegeben wird.

Sauna

Gesucht wird eine Flüssigkeit, die aus Früchten gewonnen wird. Der Fruchtgehalt in dieser Flüssigkeit muss für die gesuchte Bezeichnung 100 % betragen. Die Flüssigkeit ist ein beliebtes Getränk. Gängige Sorten sind Apfel und Orange.

Saft

Wir suchen den Namen für die Samen einer Ölpflanze. Auch die Pflanze selbst wird so genannt. Die Samen werden im gerösteten Zustand zur Verfeinerung von Koch- und Backwaren verwendet. Brötchen mit den gerösteten Samen auf der Oberfläche werden in vielen Bäckereien angeboten.

Sesam

Wir suchen einen Fluss. Dieser Fluss entspringt in Frankreich und mündet in die Mosel. Er fließt durch das Saarland und Rheinland-Pfalz. An seinem Flusslauf liegen mehrere Weinanbaugebiete.

Saar

Ich bin ein Werkzeug. Mit meiner Hilfe kann man feste Materialien zerteilen. Das kann zum Beispiel Holz, Stein oder Metall sein. Mein sogenanntes Blatt besteht aus dünnem Stahl und hat an einer Seite scharfe Zähne. Es wird durch Muskelkraft oder mithilfe einer Maschine durch den Festkörper bewegt und trägt dabei bei jeder Bewegung Späne ab, bis der Festkörper durchtrennt ist.
Säge

Wir suchen ein Produkt, das aus Milch gewonnen wird. Es ist der fetthaltigste Teil der Milch, der bei seiner Produktion von der Oberfläche der Milch abgenommen oder durch Zentrifugieren gewonnen wird. Das Produkt wird zur Verfeinerung von Soßen, Cremes oder Suppen verwendet. Schlägt man es auf, kann man damit Torten verzieren. Zum Erdbeerkuchen gereicht, ist es für viele ein Genuss. Manch einer mag einen Klecks davon in einer Tasse heißer Schokolade.
Sahne

Mit dem nächsten Begriff, den wir suchen, verbindet wahrscheinlich niemand etwas Angenehmes. Oft sind Baustellen oder Verkehrsunfälle die Ursache für die Entstehung einer solchen Ansammlung von Fahrzeugen. Diese stehen dabei meist hintereinander in einer oder mehreren Reihen. Sind es mehrere Reihen, muss eine sogenannte Rettungsgasse freigehalten werden, damit Rettungs- und Einsatzfahrzeuge im Notfall daran vorbeikommen.
Stau

T

Wir suchen eine Masse, die größtenteils aus einem Getreideprodukt besteht. Hinzu kommen in vielen Fällen ein Triebmittel und Flüssigkeit sowie weitere Zutaten. Die Masse kann süß oder herzhaft zubereitet werden. Um sie genießbar zu machen, wird sie gebacken.

Teig

Gesucht wird eine taktvolle Form der Bewegung. Man kann sie allein, als Paar oder in der Gruppe ausführen. Meist liegt dieser Bewegungsform Musik zugrunde. Sie kann eine Freizeitbeschäftigung sein oder professionell als Sport betrieben werden. Beispiele für die verschiedenen Rhythmen, denen man dabei folgt, sind Rumba, Salsa und Tango.

Tanz

Wir suchen die Bezeichnung für eine Gruppe, die aus einer bestimmten Anzahl von Mitgliedern besteht. Die gesuchte Gruppe besteht aus drei Personen. Gruppen mit einer Person weniger heißen Duo oder Duett. Gruppen mit vier Personen nennt man Quartett.

Trio

Ich bin jemand aus deiner Verwandtschaft. Ich bin ein Geschwister deiner Eltern. Ich bin die Schwester deiner Mutter oder deines Vaters.

Tante

Ich bin etwas, das dir im Schlaf begegnet. Manchmal erinnerst du dich nach dem Aufwachen an mich, sehr oft jedoch nicht. Wenn ich dich sehr traurig oder ängstlich mache, kann es sein, dass du aufwachst. Stimme ich dich fröhlich, wünschst du dir vielleicht, dass ich Wirklichkeit werde.

Traum

Wir suchen ein Getränk, das heiß hergestellt wird. Dazu werden Teile von Pflanzen, Kräutern und Früchten mit Wasser übergossen. Nach ein paar Minuten werden die festen Bestandteile herausgenommen. Das Getränk kann heiß, warm oder auch gekühlt genossen werden.

Tee

Wir suchen das Wort für ein ganz bestimmtes Zelt. Es besteht aus mehreren Stangen, die schräg gegeneinandergestellt werden, und einer Plane, die über die Stangen gespannt wird. Die Grundfläche ist dabei fast rund. Die Plane war früher aus Bisonleder, heutzutage ist sie meist aus festem Stoff. Die Zelte waren früher das Zuhause der indigenen Bevölkerung Nordamerikas.

Tipi

Gesucht wird eine Gangart bei Pferden. Es ist die zweite von drei Gangarten. Es gibt ein Rennen, das nur in dieser Gangart bestritten werden darf. Die nächstschnellere Gangart heißt Galopp.

Trab

Ich bin ein Musikinstrument. Ich gehöre zu den Blechblasinstrumenten und kann in dieser Gruppe die tiefsten Töne spielen. Meine Form ist gebogen, an mir sind Ventile befestigt und ich bin nicht gerade klein. Beim Musizieren zeigt mein Trichter nach oben. Ich spiele oft in Sinfonieorchestern mit.

Tuba

Wir suchen eine Verbindung zwischen zwei Räumen. Diese Verbindung kann geöffnet oder geschlossen sein. In Häusern öffnet man sie zum Beispiel, um Besuch willkommen zu heißen. Laut einem Sprichwort öffnet sich eine neue, sobald sich eine verschließt.

Tür

Gesucht wird ein großer Behälter für Flüssigkeiten oder gasförmige Stoffe. Diese Stoffe können in dem Behälter gelagert und auch transportiert werden. Der Behälter besteht gewöhnlich aus Kunststoff. Auf Autobahnen kann man häufig LKW sehen, die so einen Behälter transportieren.

Tank

Wir suchen ein kleines Gewässer. Dieses Gewässer findet man meist in Gärten. Es ist nicht allzu tief. Beliebte Dekorationen sind Seerosen auf der Wasseroberfläche und kleine Springbrunnen.

Teich

U

Wir suchen das Wort für einen Vorgang, bei dem man von einer Wohnung in eine andere zieht. Dabei muss nicht unbedingt der Wohnort gewechselt werden. Meist gehen den Betroffenen Freunde und Familie zur Hand. Oft werden auch Unternehmen engagiert, die die Möbel von einer Wohnung in die andere bringen.

Umzug

Gesucht wird ein Musikinstrument. Das gesuchte Instrument ist ein Zupfinstrument. Es sieht aus wie eine kleine Gitarre. Der Name heißt übersetzt so viel wie „hüpfender Floh". Ursprünglich soll es aus Portugal kommen. Bekannt wurde es unter anderem durch den Film „Manche mögen's heiß" mit Marilyn Monroe.

Ukulele

Wir suchen eine Zeit der Erholung abseits des Alltags und der Arbeit. Diese Zeit kann man entweder zu Hause verbringen oder dafür an einen anderen Ort fahren. Manch einer fliegt auch mit dem Flugzeug dorthin. In der Arbeitswelt haben Arbeitnehmer eine festgelegte Anzahl von Tagen, die sie für diese Form der Erholung nutzen können.

Urlaub

Gesucht wird das Wort für eine Berührung zweier Menschen, bei der die Arme um den Oberkörper des Gegenübers gelegt werden. Es ist eine Begrüßungsform und vor allem eine Art, Zuneigung zu zeigen. Auch Trost spendet man auf diese Weise.

Umarmung

Der nächste gesuchte Begriff bezeichnet etwas, das wir unbedingt schützen müssen. Er steht zum einen für die Welt, die uns umgibt, zum anderen aber auch für die Natur unseres Planeten. Ein anderes Wort dafür ist Ökosystem.

Umwelt

Wir suchen das Wort für eine Fläche, auf der viele Bäume stehen. Das gesuchte Wort bezeichnet insbesondere eine Form dieser Fläche, die von Menschen noch unberührt ist.

Urwald

Gesucht wird die Bezeichnung für den Rand eines Gewässers. Es kann zum Beispiel eine Böschung sein, ein Strand oder ein Kai. In Erholungsgebieten ziehen diese wassernahen Orte Touristen an. Oft finden sich dort in der Nähe Cafés oder Restaurants.

Ufer

Ich heiße Lars und bin der Sohn der Frau deines Enkels. Ich bin also dein …?

Urenkel

Ich bin eine Erscheinung, die am Himmel schwebt, aber bisher wissenschaftlich noch wenig erforscht werden konnte. Ich werde auch Fliegende Untertasse genannt. Mein Name ist eine Abkürzung für „Unidentifiziertes Flugobjekt“.

Ufo

Wir suchen den Begriff für die äußeren Linien einer Figur oder eines Objekts. Anhand dieser wenigen Linien ist die Figur für den Betrachter bereits erkennbar. Bekannte Bauwerke etwa können von vielen Menschen anhand dieser Linien erkannt werden. Ein anderes Wort für den gesuchten Begriff ist Silhouette oder Kontur.

Umriss

Ich bin ein Zeitmesser. Mich gibt es in groß oder klein, zum Aufhängen oder Hinstellen. Mal habe ich zwei Zeiger, manchmal zeigen dir drei Zeiger die Zeit an. Mich gibt es auch ganz ohne Zeiger. In diesem Fall kannst du anhand von Zahlen die Zeit ablesen.

Uhr

Ich bin ein Tier. Ich gehöre zur Familie der Eulen. Charakteristisch für meine Art sind meine langen Federohren. Mein Name ähnelt sehr meinem Balzruf. In dem Volkslied „Die Vogelhochzeit“ mache ich die Fensterläden zu.

Uhu

V

Ich bin ein Tier mit zwei Beinen. Mit meinen Beinchen hüpfe ich allerdings eher, als dass ich elegant laufe. Fliegen liegt mir um vieles näher. Dabei helfen mir meine beiden Flügel. In einem bekannten Volkslied bringe ich einem Kind einen Zettel mit einem Gruß seiner Mutter.

Vogel

Wir suchen eine bekannte Stadt in Italien. Diese Stadt liegt in einer Lagune und hat fast 400 Brücken. Mitten hindurch fließt der Canal Grande. Bekannte Sehenswürdigkeiten sind der Markusplatz, der Dogenpalast und die Rialtobrücke.

Venedig

Gesucht wird ein elektrisches Gerät, mit dem man Töne und Bilder aus dem Fernsehen aufzeichnen und wieder abspielen kann. Dieses Verfahren funktioniert mithilfe von Magnetbändern. Die ersten dieser Geräte, die für den privaten Haushalt geeignet waren, wurden Anfang der 1960er-Jahre verkauft. Dazu gab es spezielle Kassetten, sogenannte VHS-Kassetten, mit denen man die Lieblingssendung fortan beliebig oft ansehen konnte.

Videorekorder

Wir suchen etwas, womit hauptsächlich Wunden geschützt werden. Es gibt verschiedene Varianten dieser Art: zum Beispiel zum Schutz der verletzten Körperstellen, zur Stillung starker Blutungen oder zur Ruhigstellung verletzter Körperteile. Das Material ist hautfreundlich und wird um die betroffene Region herumgewickelt.

Verband

Ich bin eine Pflanzengattung. Eine bekannte Art nennt sich Stiefmütterchen. Ich habe meist fünf Blütenblätter, die oft gelb, rot, blau oder violett gefärbt sind. Man kennt mich auch unter dem Namen Viola.

Veilchen

Gesucht wird die Bezeichnung für Nutztiere, die zu einem landwirtschaftlichen Betrieb gehören. Dabei wird begrifflich unterschieden, ob sie für die Milchproduktion, die Fleischproduktion oder zum Beispiel zum Ziehen von Kutschen gehalten werden. Zu dem von uns gesuchten Oberbegriff gehören beispielsweise Rinder, Schweine, Ziegen, Schafe oder Geflügel.

Vieh

Wir suchen die Bezeichnung für bestimmte Laute. Diese werden auch Selbstlaute genannt. Geschrieben sind es die Buchstaben A, E, I, O und U. Es sind keine Konsonanten.

Vokale

Wir suchen ein Gefäß, das, mit Wasser befüllt, ein Ort sein kann, an dem Schnittblumen lange frisch bleiben. Das Gefäß besteht üblicherweise aus Glas oder Keramik. Es kann bauchig sein oder schmal und gerade geformt. Manchmal steht ein solches Gefäß auch um seiner selbst willen zur Dekoration in einem Raum, weil es zum Beispiel besonders schön bemalt wurde.

Vase

Gesucht wird ein Vorname. Es ist ein männlicher Vorname. Ein bekannter Maler aus dem 19. Jahrhundert trug diesen Namen. Berühmte Werke von ihm waren zum Beispiel die Bilder „Caféterrasse am Abend“, sein Selbstbildnis, das Bild „Sternennacht“ oder die Sonnenblumenbilder. Bekannt ist auch, dass er sich ein Teil seines Ohres abgeschnitten hat.

Vincent

Ich komme eigentlich nur in Geschichten vor. Die Mythen um mich haben sich aber über Jahrhunderte bis heute gehalten. Ich soll spitze Zähne haben, Angst vor Tageslicht, das Blut von Menschen und Tieren trinken und empfindlich auf Knoblauch reagieren. Der berühmteste meiner Art heißt „Graf Dracula“.

Vampir

Die Stadt, die wir nun suchen, liegt im Nordosten Italiens in der Region Venetien. Sie ist bekannt für ihr Amphitheater. Außerdem kann man dort den berühmten Balkon der Julia aus Shakespeares „Romeo und Julia“ besichtigen.

Verona

W

Für dich bin ich lebenswichtig. Ich bin nicht nur zum Waschen da. Du brauchst mich viel mehr, um deinen Durst zu stillen. Mehr als 70 % der Erdoberfläche sind von mir bedeckt. Ich entstehe bei 0 °C aus Eis und koche bei 100 °C.

Wasser

Wir suchen ein Material, das unter anderem dazu verwendet wird, warme Kleidung oder Decken herzustellen. Es wird aus den Haaren von Säugetieren gewonnen. Am gängigsten sind dabei die Haare von Schafen. Bekannte Möglichkeiten, um dieses Material zu verarbeiten, sind das Stricken und das Weben.

Wolle

Gesucht wird der Begriff für etwas, nach dem man sich sehr sehnt. Ob diese Sehnsucht erfüllt wird oder nicht, ist in dem Moment des Auftretens noch nicht gewiss. Eine Fee erfüllt oft drei von dieser Art. Kinder schreiben oder malen dies vor Weihnachten oder Geburtstagen auf einen besonderen Zettel.

Wunsch

Ich bin ein Teil des Gesichts und werde gerne bei Berührungen unter vertrauten Menschen gestreichelt. In einigen europäischen Ländern begrüßt man sich, indem man mich leicht küsst. Frauen betonen mich gelegentlich mit Rouge.

Wange

Mit dem nun von uns gesuchten Gegenstand können Fußböden oder Fenster gereinigt werden. Dazu wird ein Bezug auf eine Platte aufgezogen, die wiederum durch ein Gelenk an einem Stiel befestigt ist. Der Bezug wird über die zu reinigende Fläche bewegt. Während des Reinigungsvorgangs kann der Bezug öfter ausgewaschen werden. Manch einer kennt den gesuchten Begriff auch in Form einer Vielzahl von Vliesstreifen, die an einem Stiel angebracht sind und daran hin- und herbewegt werden können.

Wischer/Wischmopp

Wir suchen das Wort für eine Verletzung an der Haut oder der Schleimhaut. Diese Art der Verletzung kann durch einen Unfall entstanden oder die Folge eines operativen Eingriffs sein. Die Dauer der Heilung hängt von der Schwere der Verletzung und des Zustands des betroffenen Gewebes ab. Kleinere Formen dieser Verletzungen können mit einem Pflaster abgedeckt werden.

Wunde

Ich bin ein kleines Raubtier, das gewöhnlich nachts unterwegs ist. Auch wenn man das aus meinem Namen schließen könnte, bin ich nicht den ganzen Tag damit beschäftigt, mich sauber zu machen. Ich habe einen buschigen, schwarzweiß gestreiften Schwanz. In meinem Gesicht trage ich eine schwarze Maske.

Waschbär

Ich gebe Pflanzen ihren sicheren Halt. Über mich nehmen sie ihre Mineralstoffe und das für sie lebenswichtige Wasser auf. Ich kann sehr groß und dick sein, manchmal bin ich aber auch ganz zart und fein. Mein Name steht auch für etwas, das deinen Zähne einen festen Halt gibt.
Wurzel

Wir suchen den Namen für ein stehendes Gewässer, bei dem das Sonnenlicht bis an den Grund kommen kann, sodass dort das Wachstum grüner Pflanzen möglich ist. Dieses Gewässer kann natürlich oder künstlich angelegt sein. Es kommt häufig in der Nähe von Schlössern vor. In einem bekannten Volkslied ging ein Jäger längs an einem Gewässer dieser Art vorbei.
Weiher

Gesucht wird eine Form der räumlichen Begrenzung. Durch diese Begrenzung kann man nicht hindurchschauen, es sei denn, dort sind Fenster oder Türen eingebaut. Ein Raum hat üblicherweise vier davon. Jemand, der unbedingt seinen Willen durchsetzen möchte, geht sprichwörtlich mit dem Kopf durch das gesuchte Wort.
Wand

X, Y UND Z

Wir suchen ein Musikinstrument. Es besteht aus unterschiedlich langen Klangstäben, die aus Holz oder Bambus gefertigt sind. Dabei bestimmen die Länge, die Beschaffenheit des Holzes und dessen Dicke die Tonhöhe des jeweiligen Klangstabes. Die Stäbe liegen auf einem Rahmen und werden mit einem Schlägel angeschlagen. Meist liegt der längste Stab ganz links und der kürzeste ganz rechts. Je nach Größe kann ein Instrument bis zu drei Oktaven umfassen.
Xylophon

Gesucht wird eine Stadt am Niederrhein. Während der Römerzeit befand sich in der Nähe ihres Stadtkerns ein Römerlager. Seit 2008 kann man dort ein bekanntes Römermuseum besuchen. Sie ist die einzige Stadt Deutschlands, die mit dem Buchstaben X beginnt.
Xanten

Ich bin ein Tier und gehöre zu den Rindern. Ich lebe in Hochasien und bin den Menschen dort eine große Hilfe. Mein Fell ist lang und dunkel. Ich habe einen Buckel und einen sehr muskulösen Hals. Manchmal werde ich auch Grunzochse genannt.
Yak

Gesucht wird eine Maßeinheit. Diese hatte ihren Ursprung im Angloamerikanischen Maßsystem und wurde im Mittelalter in England etabliert. Mithilfe dieser Einheit können Längen bestimmt werden. Heutzutage wird sie in der Praxis nicht mehr verwendet. Eine Einheit dieses Maßes entspricht 3 Fuß oder „Feet".

Yard

Das nun gesuchte Wort ist der Begriff für eine philosophische Lehre aus Indien. Wenn man ihr folgt bzw. danach lebt, soll man einen stärkeren Zugang zu seinem Bewusstsein haben. In der indischen Philosophie gibt es sechs sogenannte Schulen, von denen eine die gesuchte Bezeichnung trägt. Bestandteile dieser Lehre sind unter anderem die Meditation, körperbezogene Übungen sowie Konzentrations- und Atemübungen.

Yoga

Ich bin ein großes Wasserfahrzeug. Um meinen Namen tragen zu dürfen, muss ich mehr als zehn Meter lang sein. Ich verfüge meist über ein Deck und eine Kajüte. Mein Name bedeutet so viel wie „schnelles Schiff". Mich gibt es mit Segel oder Motor.

Yacht

Nun suchen wir eine ehemalige Grafschaft Nordenglands. Diese war einst die größte Grafschaft im Vereinigten Königreich. In der Mitte ihrer Flagge war eine weiße Rose. Im Osten grenzt sie an die Nordsee. Ein bekannter „Pudding" aus der Region, ein typisch englisches Backerzeugnis, wurde nach der gesuchten Grafschaft benannt.
Yorkshire

Gesucht wird ein Verbund aus Schienenfahrzeugen. Meist besteht er aus einem Triebfahrzeug und davon gezogenen Wagen. Der gesuchte Verbund kann Personen oder Güter befördern. Meist fährt er nach einem vorher festgelegten Fahrplan.
Zug

Wir suchen den Teil eines Baumes. Er entspringt aus einem Ast. Was den Umfang betrifft, ist er dünner als ein Ast. An ihm können Blätter sprießen.
Zweig

Ich bin ein Teil deines Körpers, auf den du gut achtgeben solltest. Ich befinde mich in deinem Mund und helfe dir bei der Nahrungsaufnahme. Ich besitze eine Krone, einen Hals und eine Wurzel. Einmal in deinem Leben werde ich auf natürliche Weise ausgetauscht. Wenn du mich nicht richtig pflegst, werde ich beschädigt. Das schmerzt in deinem Mund.
Zahn